Appartient à :

••••••••••••••••••••••••••••••••••

••••••••••••••••••••••••••••••••••

Date : ....

M. Mme : ....

Téléphone : ....   E.mail : ....

Adresse : ....

Motif de la demande d'intervention :

Composition de la famille

Nom Prénom	Date de N	Lien de parenté	Emploi/Ecole

Conditions de logement :	**Situation financi re :**
Statut logement :	.... : ....
Type log. :	.... : ....
Bailleur :	.... : ....
Loyer :	.... : ....
Dettes :	

Les rendez-vous :

_____

✂ _____

_____

Objectif :

Travail engagé :

.... :

Conclusion :

Date : ....

M. Mme : ....

Téléphone : ....   E.mail : ....

Adresse : ....

Motif de la demande d'intervention :

Composition de la famille

Nom Prénom	Date de N	Lien de parenté	Emploi/Ecole

Conditions de logement :	**Situation financi re :**
Statut logement :	.... : ....
Type log. :	.... : ....
Bailleur :	.... : ....
Loyer :	.... : ....
Dettes :	

Les rendez-vous :

_____

✂ _____

_____

Objectif :

Travail engagé :

.... :

_____

_____

_____

_____

_____

_____

_____

_____

_____

_____

_____

_____

_____

_____

_____

Conclusion :

Date : ....

M. Mme : ....

Téléphone : ....   E.mail : ....

Adresse : ....

Motif de la demande d'intervention :

Composition de la famille

Nom Prénom	Date de N	Lien de parenté	Emploi/Ecole

Conditions de logement :	Situation financi re :
Statut logement :	
	.... : ....
Type log. :	
	.... : ....
Bailleur :	
Loyer :	.... : ....
Dettes :	.... : ....

Les rendez-vous :

_____

_____

✂ _____

_____

Objectif :

Travail engagé :

.... :

_____

_____

✂ _____

_____

_____

_____

_____

_____

_____

_____

_____

_____

_____

_____

_____

Conclusion :

Date : ....

M. Mme : ....

Téléphone : ....   E.mail : ....

Adresse : ....

Motif de la demande d'intervention :

Composition de la famille

Nom Prénom	Date de N	Lien de parenté	Emploi/Ecole

Conditions de logement :	Situation financi re :
Statut logement :	.... : ....
Type log. :	.... : ....
Bailleur :	.... : ....
Loyer :	.... : ....
Dettes :	

Les rendez-vous :

_____

✂ _____

_____

Objectif :

Travail engagé :

.... :

_____

_____

_____

_____

_____

_____

_____

_____

_____

_____

_____

_____

_____

_____

Conclusion :

Date : ....

M. Mme : ....

Téléphone : ....   E.mail : ....

Adresse : ....

Motif de la demande d'intervention :

Composition de la famille

Nom Prénom	Date de N	Lien de parenté	Emploi/Ecole

Conditions de logement :

Statut logement : ....

Type log. : ....

Bailleur : ....

Loyer : ....

Dettes : ....

Situation financi re :

.... : ....

.... : ....

.... : ....

.... : ....

Les rendez-vous :

_____

✂ _____

_____

Objectif :

Travail engagé :

.... :

_____

_____

✂ _____

_____

_____

_____

_____

_____

_____

_____

_____

_____

_____

_____

_____

_____

_____

Conclusion :

Date : ....

M. Mme : ....

Téléphone : .... E.mail : ....

Adresse : ....

Motif de la demande d'intervention :

Composition de la famille

Nom Prénom	Date de N	Lien de parenté	Emploi/Ecole

Conditions de logement :
Statut logement : ....

Type log. : ....

Bailleur : ....
Loyer : ....
Dettes : ....

Situation financi re :

.... : ....
.... : ....
.... : ....
.... : ....

Les rendez-vous :

✂

Objectif :

Travail engagé :

.... :

19

Conclusion :

Date : ....

M. Mme : ....

Téléphone : .... E.mail : ....

Adresse : ....

Motif de la demande d'intervention :

Composition de la famille

Nom Prénom	Date de N	Lien de parenté	Emploi/Ecole

Conditions de logement :
Statut logement : ....

Type log. : ....

Bailleur : ....
Loyer : ....
Dettes : ....

Situation financi re :

.... : ....
.... : ....
.... : ....
.... : ....

Les rendez-vous :

_____

_____

✂ _____

_____

Objectif :

Travail engagé :

.... :

_____

_____

✂_____

_____

_____

_____

_____

_____

_____

_____

_____

_____

_____

_____

_____

_____

Conclusion :

Date : ....

M. Mme : ....

Téléphone : ....   E.mail : ....

Adresse : ....

Motif de la demande d'intervention :

Composition de la famille

Nom Prénom	Date de N	Lien de parenté	Emploi/Ecole

Conditions de logement :	Situation financi re :
Statut logement :	.... : ....
Type log. :	.... : ....
Bailleur :	.... : ....
Loyer :	.... : ....
Dettes :	

Les rendez-vous :

✂ ....

....

....

Objectif :

Travail engagé :

.... :

_____

_____

✂——————————————————————————————

_____

_____

_____

_____

_____

_____

_____

_____

_____

_____

_____

_____

Conclusion :

Date : ....

M. Mme : ....

Téléphone : ....   E.mail : ....

Adresse : ....

Motif de la demande d'intervention :

Composition de la famille

Nom Prénom	Date de N	Lien de parenté	Emploi/Ecole

Conditions de logement :
Statut logement : ....

Type log. : ....

Bailleur : ....
Loyer : ....
Dettes : ....

Situation financi re :

.... : ....

.... : ....

.... : ....

.... : ....

Les rendez-vous :

_____

_____

✂ _____

Objectif :

Travail engagé :

.... :

_____

_____

✂ _____

_____

_____

_____

_____

_____

_____

_____

_____

_____

_____

_____

_____

_____

Conclusion :

Date : ....

M. Mme : ....

Téléphone : ....   E.mail : ....

Adresse : ....

Motif de la demande d'intervention :

Composition de la famille

Nom Prénom	Date de N	Lien de parenté	Emploi/Ecole

Conditions de logement :	**Situation financi re :**
Statut logement : .... Type log. : .... Bailleur : .... Loyer : .... Dettes :	.... : .... : .... : .... : ....

Les rendez-vous :

✂

Objectif :

Travail engagé :

.... :

_____

_____

✂ _____

_____

_____

_____

_____

_____

_____

_____

_____

_____

_____

_____

_____

_____

Conclusion :

Date : ....

M. Mme : ....

Téléphone : ....   E.mail : ....

Adresse : ....

Motif de la demande d'intervention :

Composition de la famille

Nom Prénom	Date de N	Lien de parenté	Emploi/Ecole

Conditions de logement :	Situation financi re :
Statut logement :	
	.... : ....
Type log. :	.... : ....
Bailleur :	.... : ....
Loyer :	.... : ....
Dettes :	

Les rendez-vous :

_____

✂ _____

_____

Objectif :

Travail engagé :

.... :

_____

_____

_____

_____

_____

_____

_____

_____

_____

_____

_____

_____

_____

_____

_____

Conclusion :

Date : ....

M. Mme : ....

Téléphone : ....   E.mail : ....

Adresse : ....

Motif de la demande d'intervention :

Composition de la famille

Nom Prénom	Date de N	Lien de parenté	Emploi/Ecole

Conditions de logement :	**Situation financi re :**
Statut logement :	.... : ....
Type log. :	.... : ....
Bailleur :	.... : ....
Loyer :	.... : ....
Dettes :	

Les rendez-vous :

_____

✂ _____

_____

Objectif :

Travail engagé :

.... :

_____

_____

_____

_____

_____

_____

_____

_____

_____

_____

_____

_____

_____

_____

_____

Conclusion :

Date : ....

M. Mme : ....

Téléphone : .... E.mail : ....

Adresse : ....

Motif de la demande d'intervention :

Composition de la famille

Nom Prénom	Date de N	Lien de parenté	Emploi/Ecole

Conditions de logement :
Statut logement : ....

Type log. : ....

Bailleur : ....
Loyer : ....
Dettes : ....

Situation financi re :

.... : ....

.... : ....

.... : ....

.... : ....

Les rendez-vous :

_____

_____

✂ _____

_____

Objectif :

Travail engagé :

.... :

Conclusion :

Date : ....

M. Mme : ....

Téléphone : ....   E.mail : ....

Adresse : ....

Motif de la demande d'intervention :

Composition de la famille

Nom Prénom	Date de N	Lien de parenté	Emploi/Ecole

Conditions de logement :	**Situation financi re :**
Statut logement :	.... : ....
Type log. :	.... : ....
Bailleur :	.... : ....
Loyer :	.... : ....
Dettes :	

Les rendez-vous :

✂

Objectif :

Travail engagé :

.... :

Conclusion :

Date : ....

M. Mme : ....

Téléphone : ....   E.mail : ....

Adresse : ....

Motif de la demande d'intervention :

Composition de la famille

Nom Prénom	Date de N	Lien de parenté	Emploi/Ecole

Conditions de logement :

Statut logement : ....

Type log. : ....

Bailleur : ....

Loyer : ....

Dettes : ....

Situation financi re :

.... : ....

.... : ....

.... : ....

.... : ....

Les rendez-vous :

_____

_____

✂ _____

_____

Objectif :

Travail engagé :

.... :

_____

_____

_____

_____

_____

_____

_____

_____

_____

_____

_____

_____

_____

_____

_____

_____

_____

Conclusion :

Date : ....

M. Mme : ....

Téléphone : ....   E.mail : ....

Adresse : ....

Motif de la demande d'intervention :

Composition de la famille

Nom Prénom	Date de N	Lien de parenté	Emploi/Ecole

Conditions de logement :

Statut logement : ....

Type log. : ....

Bailleur : ....

Loyer : ....

Dettes : ....

Situation financi re :

.... : ....

.... : ....

.... : ....

.... : ....

Les rendez-vous :

✂

Objectif :

Travail engagé :

.... :

Conclusion :

Date : ....

M. Mme : ....

Téléphone : ....   E.mail : ....

Adresse : ....

Motif de la demande d'intervention :

Composition de la famille

Nom Prénom	Date de N	Lien de parenté	Emploi/Ecole

Conditions de logement :	**Situation financi re :**
Statut logement :	.... : ....
Type log. :	.... : ....
Bailleur :	.... : ....
Loyer :	.... : ....
Dettes :	

Les rendez-vous :

———————————————————————————

✂ ———————————————————————————

———————————————————————————

Objectif :

Travail engagé :

.... :

_____

_____

✂ _____

_____

_____

_____

_____

_____

_____

_____

_____

_____

_____

_____

_____

Conclusion :

Date : ....

M. Mme : ....

Téléphone : ....   E.mail : ....

Adresse : ....

Motif de la demande d'intervention :

Composition de la famille

Nom Prénom	Date de N	Lien de parenté	Emploi/Ecole

Conditions de logement :

Statut logement : ....

Type log. : ....

Bailleur : ....
Loyer : ....
Dettes : ....

Situation financi re :

.... : ....

.... : ....

.... : ....

.... : ....

Les rendez-vous :

✂

Objectif :

Travail engagé :

.... :

_____
_____
✂ _____
_____
_____
_____
_____
_____
_____
_____
_____
_____
_____
_____
_____
_____

Conclusion :

Date : ....

M. Mme : ....

Téléphone : ....   E.mail : ....

Adresse : ....

Motif de la demande d'intervention :

Composition de la famille

Nom Prénom	Date de N	Lien de parenté	Emploi/Ecole

Conditions de logement :
Statut logement : ....

Type log. : ....

Bailleur : ....
Loyer : ....
Dettes : ....

Situation financi re :

.... : ....
.... : ....
.... : ....
.... : ....

Les rendez-vous :

_____

_____

✂ _____

_____

Objectif :

Travail engagé :

.... :

_____

_____

✂ _____

_____

_____

_____

_____

_____

_____

_____

_____

_____

_____

_____

Conclusion :

Date : ....

M. Mme : ....

Téléphone : ....   E.mail : ....

Adresse : ....

Motif de la demande d'intervention :

Composition de la famille

Nom Prénom	Date de N	Lien de parenté	Emploi/Ecole

Conditions de logement :

Statut logement : ....

Type log. : ....

Bailleur : ....

Loyer : ....

Dettes : ....

Situation financi re :

.... : ....

.... : ....

.... : ....

.... : ....

Les rendez-vous :

✂

_____

_____

_____

Objectif :

Travail engagé :

.... :

_____

_____

✂_____

_____

_____

_____

_____

_____

_____

_____

_____

_____

_____

_____

Conclusion :

Date : ....

M. Mme : ....

Téléphone : ....   E.mail : ....

Adresse : ....

Motif de la demande d'intervention :

Composition de la famille

Nom Prénom	Date de N	Lien de parenté	Emploi/Ecole

Conditions de logement :

Statut logement : ....

Type log. : ....

Bailleur : ....
Loyer : ....
Dettes : ....

Situation financi re :

.... : ....

.... : ....

.... : ....

.... : ....

Les rendez-vous :

✂

Objectif :

Travail engagé :

.... :

_____

_____

_____

_____

_____

_____

_____

_____

_____

_____

_____

_____

_____

_____

Conclusion :

Date : ....

M. Mme : ....

Téléphone : .... E.mail : ....

Adresse : ....

Motif de la demande d'intervention :

Composition de la famille

Nom Prénom	Date de N	Lien de parenté	Emploi/Ecole

Conditions de logement :
Statut logement : ....

Type log. : ....

Bailleur : ....
Loyer : ....
Dettes : ....

Situation financi re :

.... : ....

.... : ....

.... : ....

.... : ....

Les rendez-vous :

_____

✂ _____

_____

Objectif :

Travail engagé :

.... :

_____

_____

✂ _____

_____

_____

_____

_____

_____

_____

_____

_____

_____

_____

_____

_____

_____

Conclusion :

Date : ....

M. Mme : ....

Téléphone : ....   E.mail : ....

Adresse : ....

Motif de la demande d'intervention :

Composition de la famille

Nom Prénom	Date de N	Lien de parenté	Emploi/Ecole

Conditions de logement :
Statut logement : ....
Type log. : ....
Bailleur : ....
Loyer : ....
Dettes : ....

Situation financi re :
.... : ....
.... : ....
.... : ....
.... : ....

Les rendez-vous :

✂

Objectif :

Travail engagé :

.... :

_____

_____

✂ _____

_____

_____

_____

_____

_____

_____

_____

_____

_____

_____

_____

_____

Conclusion :

Date : ....

M. Mme : ....

Téléphone : ....   E.mail : ....

Adresse : ....

Motif de la demande d'intervention :

Composition de la famille

Nom Prénom	Date de N	Lien de parenté	Emploi/Ecole

Conditions de logement :

Statut logement : ....

Type log. : ....

Bailleur : ....
Loyer : ....
Dettes : ....

Situation financi re :

.... : ....

.... : ....

.... : ....

.... : ....

Les rendez-vous :

✂

Objectif :

Travail engagé :

.... :

_____

_____

_____

_____

_____

_____

_____

_____

_____

_____

_____

_____

_____

_____

Conclusion :

Date : ....

M. Mme : ....

Téléphone : ....   E.mail : ....

Adresse : ....

Motif de la demande d'intervention :

Composition de la famille

Nom Prénom	Date de N	Lien de parenté	Emploi/Ecole

Conditions de logement :	**Situation financi re :**
Statut logement :	.... : ....
Type log. :	.... : ....
Bailleur :	.... : ....
Loyer :	.... : ....
Dettes :	

Les rendez-vous :

✂

Objectif :

Travail engagé :

.... :

_____

_____

✂ ‑‑‑

_____

_____

_____

_____

_____

_____

_____

_____

_____

_____

_____

Conclusion :

Date : ....

M. Mme : ....

Téléphone : .... E.mail : ....

Adresse : ....

Motif de la demande d'intervention :

Composition de la famille

Nom Prénom	Date de N	Lien de parenté	Emploi/Ecole

Conditions de logement :

Statut logement : ....

Type log. : ....

Bailleur : ....

Loyer : ....

Dettes : ....

Situation financi re :

.... : ....

.... : ....

.... : ....

.... : ....

Les rendez-vous :

✂

Objectif :

Travail engagé :

.... :

_____

_____

✂ _____

_____

_____

_____

_____

_____

_____

_____

_____

_____

_____

_____

_____

_____

Conclusion :

Date : ....

M. Mme : ....

Téléphone : ....   E.mail : ....

Adresse : ....

Motif de la demande d'intervention :

Composition de la famille

Nom Prénom	Date de N	Lien de parenté	Emploi/Ecole

Conditions de logement :	Situation financi re :
Statut logement :	.... : ....
Type log. :	.... : ....
Bailleur :	.... : ....
Loyer :	.... : ....
Dettes :	

Les rendez-vous :

_____

_____

✂ _____

_____

Objectif :

Travail engagé :

.... :

_____

_____

✂ _____

_____

_____

_____

_____

_____

_____

_____

_____

_____

_____

Conclusion :

Date : ....

M. Mme : ....

Téléphone : .... E.mail : ....

Adresse : ....

Motif de la demande d'intervention :

Composition de la famille

Nom Prénom	Date de N	Lien de parenté	Emploi/Ecole

Conditions de logement :	Situation financi re :
Statut logement :	.... : ....
Type log. :	.... : ....
Bailleur :	.... : ....
Loyer :	.... : ....
Dettes :	

Les rendez-vous :

_____

✂ _____

_____

Objectif :

Travail engagé :

.... :

_____

_____

_____

_____

_____

_____

_____

_____

_____

_____

_____

_____

_____

_____

_____

_____

Conclusion :

Date : ....

M. Mme : ....

Téléphone : ....   E.mail : ....

Adresse : ....

Motif de la demande d'intervention :

Composition de la famille

Nom Prénom	Date de N	Lien de parenté	Emploi/Ecole

Conditions de logement :
Statut logement : ....

Type log. : ....

Bailleur : ....
Loyer : ....
Dettes : ....

Situation financi re :

.... : ....

.... : ....

.... : ....

.... : ....

Les rendez-vous :

_____

_____
_____
✂ _____

Objectif :

Travail engagé :

.... :

Conclusion :

Date : ....

M. Mme : ....

Téléphone : ....   E.mail : ....

Adresse : ....

Motif de la demande d'intervention :

Composition de la famille

Nom Prénom	Date de N	Lien de parenté	Emploi/Ecole

Conditions de logement :

Statut logement : ....

Type log. : ....

Bailleur : ....
Loyer : ....
Dettes : ....

Situation financi re :

.... : ....

.... : ....

.... : ....

.... : ....

Les rendez-vous :

✂

Objectif :

Travail engagé :

.... :

_____

_____

_____

_____

_____

_____

_____

_____

_____

_____

_____

_____

_____

_____

_____

Conclusion :

Date : ....

M. Mme : ....

Téléphone : .... E.mail : ....

Adresse : ....

Motif de la demande d'intervention :

Composition de la famille

Nom Prénom	Date de N	Lien de parenté	Emploi/Ecole

Conditions de logement :
Statut logement : ....

Type log. : ....

Bailleur : ....
Loyer : ....
Dettes : ....

Situation financi re :

.... : ....
.... : ....
.... : ....
.... : ....

Les rendez-vous :

_____

✂ _____

_____

Objectif :

Travail engagé :

.... :

_____

_____

✂—————————————————————————

_____

_____

_____

_____

_____

_____

_____

_____

_____

_____

_____

_____

Conclusion :

Date : ....

M. Mme : ....

Téléphone : .... E.mail : ....

Adresse : ....

Motif de la demande d'intervention :

Composition de la famille

Nom Prénom	Date de N	Lien de parenté	Emploi/Ecole

Conditions de logement :
Statut logement : ....

Type log. : ....

Bailleur : ....
Loyer : ....
Dettes : ....

Situation financi re :

.... : ....
.... : ....
.... : ....
.... : ....

Les rendez-vous :

✂

Objectif :

Travail engagé :

.... :

_____

_____

✂ _____

_____

_____

_____

_____

_____

_____

_____

_____

_____

_____

_____

_____

Conclusion :

Date : ....

M. Mme : ....

Téléphone : ....   E.mail : ....

Adresse : ....

Motif de la demande d'intervention :

Composition de la famille

Nom Prénom	Date de N	Lien de parenté	Emploi/Ecole

Conditions de logement :
Statut logement : ....

Type log. : ....

Bailleur : ....
Loyer : ....
Dettes : ....

Situation financi re :

.... : ....
.... : ....
.... : ....
.... : ....

Les rendez-vous :

_____

✂   _____

_____

Objectif :

Travail engagé :

.... :

_____

_____

✂ --

_____

_____

_____

_____

_____

_____

_____

_____

_____

_____

_____

_____

Conclusion :

Date : ....

M. Mme : ....

Téléphone : ....   E.mail : ....

Adresse : ....

Motif de la demande d'intervention :

Composition de la famille

Nom Prénom	Date de N	Lien de parenté	Emploi/Ecole

Conditions de logement :	**Situation financi re :**
Statut logement :	.... : ....
Type log. :	.... : ....
Bailleur :	.... : ....
Loyer :	.... : ....
Dettes :	

Les rendez-vous :

_____

✂ _____

_____

Objectif :

Travail engagé :

.... :

_____

_____

_____

_____

_____

_____

_____

_____

_____

_____

_____

_____

_____

_____

Conclusion :

Date : ....

M. Mme : ....

Téléphone : ....   E.mail : ....

Adresse : ....

Motif de la demande d'intervention :

Composition de la famille

Nom Prénom	Date de N	Lien de parenté	Emploi/Ecole

Conditions de logement :

Statut logement : ....

Type log. : ....

Bailleur : ....

Loyer : ....

Dettes : ....

Situation financi re :

.... : ....

.... : ....

.... : ....

.... : ....

Les rendez-vous :

_____

_____
✂
_____

Objectif :

Travail engagé :

.... :

_____

_____

✂ _____

_____

_____

_____

_____

_____

_____

_____

_____

_____

_____

Conclusion :

Date : ....

M. Mme : ....

Téléphone : ....   E.mail : ....

Adresse : ....

Motif de la demande d'intervention :

Composition de la famille

Nom Prénom	Date de N	Lien de parenté	Emploi/Ecole

Conditions de logement :

Statut logement : ....

Type log. : ....

Bailleur : ....
Loyer : ....
Dettes : ....

Situation financi re :

.... : ....

.... : ....

.... : ....

.... : ....

Les rendez-vous :

_____

_____

✂ _____

_____

Objectif :

Travail engagé :

.... :

_____

_____

_____

_____

_____

_____

_____

_____

_____

_____

_____

_____

_____

_____

_____

_____

Conclusion :

Date : ....

M. Mme : ....

Téléphone : ....   E.mail : ....

Adresse : ....

Motif de la demande d'intervention :

Composition de la famille

Nom Prénom	Date de N	Lien de parenté	Emploi/Ecole

Conditions de logement :
Statut logement : ....

Type log. : ....

Bailleur : ....
Loyer : ....
Dettes : ....

Situation financi re :

.... : ....
.... : ....
.... : ....
.... : ....

Les rendez-vous :

_____

✂ _____

_____

Objectif :

Travail engagé :

.... :

_____

_____

✂ _____

_____

_____

_____

_____

_____

_____

_____

_____

_____

_____

_____

_____

Conclusion :

Date : ....

M. Mme : ....

Téléphone : ....   E.mail : ....

Adresse : ....

Motif de la demande d'intervention :

Composition de la famille

Nom Prénom	Date de N	Lien de parenté	Emploi/Ecole

Conditions de logement :

Statut logement : ....

Type log. : ....

Bailleur : ....

Loyer : ....

Dettes : ....

Situation financi re :

.... : ....

.... : ....

.... : ....

.... : ....

Les rendez-vous :

_____

✂ _____

_____

Objectif :

Travail engagé :

.... :

_____

_____

✂ _____

_____

_____

_____

_____

_____

_____

_____

_____

_____

_____

_____

_____

_____

Conclusion :

Date : ....

M. Mme : ....

Téléphone : ....   E.mail : ....

Adresse : ....

Motif de la demande d'intervention :

Composition de la famille

Nom Prénom	Date de N	Lien de parenté	Emploi/Ecole

Conditions de logement :
Statut logement : ....

Type log. : ....

Bailleur : ....
Loyer : ....
Dettes : ....

Situation financi re :

.... : ....

.... : ....

.... : ....

.... : ....

Les rendez-vous :

✂

_____

_____

_____

Objectif :

Travail engagé :

.... :

Conclusion :

Date : ....

M. Mme : ....

Téléphone : ....   E.mail : ....

Adresse : ....

Motif de la demande d'intervention :

Composition de la famille

Nom Prénom	Date de N	Lien de parenté	Emploi/Ecole

Conditions de logement :
Statut logement : ....

Type log. : ....

Bailleur : ....
Loyer : ....
Dettes : ....

Situation financi re :

.... : ....

.... : ....

.... : ....

.... : ....

Les rendez-vous :

✂ _____
_____
_____

Objectif :

Travail engagé :

.... :

✂

_____

_____

_____

_____

_____

_____

_____

_____

_____

_____

_____

_____

_____

_____

Conclusion :

Date : ....

M. Mme : ....

Téléphone : ....   E.mail : ....

Adresse : ....

Motif de la demande d'intervention :

Composition de la famille

Nom Prénom	Date de N	Lien de parenté	Emploi/Ecole

Conditions de logement :
Statut logement : ....

Type log. : ....

Bailleur : ....
Loyer : ....
Dettes : ....

Situation financi re :

.... : ....

.... : ....

.... : ....

.... : ....

Les rendez-vous :

_____

_____
✂ _____

_____

Objectif :

Travail engagé :

.... :

_____

_____

✂ _____

_____

_____

_____

_____

_____

_____

_____

_____

_____

_____

_____

_____

Conclusion :

Date : ....

M. Mme : ....

Téléphone : ....   E.mail : ....

Adresse : ....

Motif de la demande d'intervention :

Composition de la famille

Nom Prénom	Date de N	Lien de parenté	Emploi/Ecole

Conditions de logement :

Statut logement : ....

Type log. : ....

Bailleur : ....

Loyer : ....

Dettes : ....

Situation financi re :

.... : ....

.... : ....

.... : ....

.... : ....

Les rendez-vous :

✂

_____

_____

_____

Objectif :

Travail engagé :

.... :

Conclusion :

Date : ....

M. Mme : ....

Téléphone : ....   E.mail : ....

Adresse : ....

Motif de la demande d'intervention :

Composition de la famille

Nom Prénom	Date de N	Lien de parenté	Emploi/Ecole

Conditions de logement :
Statut logement : ....

Type log. : ....

Bailleur : ....
Loyer : ....
Dettes : ....

Situation financi re :

.... : ....
.... : ....
.... : ....
.... : ....

Les rendez-vous :

✂

_____

_____

_____

Objectif :

Travail engagé :

.... :

_____

_____

✂ _____

_____

_____

_____

_____

_____

_____

_____

_____

_____

_____

_____

Conclusion :

Date : ....

M. Mme : ....

Téléphone : ....   E.mail : ....

Adresse : ....

Motif de la demande d'intervention :

Composition de la famille

Nom Prénom	Date de N	Lien de parenté	Emploi/Ecole

Conditions de logement :	**Situation financi re :**
Statut logement :	.... : ....
Type log. :	.... : ....
Bailleur :	.... : ....
Loyer :	.... : ....
Dettes :	

Les rendez-vous :

✂

Objectif :

Travail engagé :

.... :

_____

_____

✂ _____

_____

_____

_____

_____

_____

_____

_____

_____

_____

_____

_____

_____

Conclusion :

Date : ....

M. Mme : ....

Téléphone : ....   E.mail : ....

Adresse : ....

Motif de la demande d'intervention :

Composition de la famille

Nom Prénom	Date de N	Lien de parenté	Emploi/Ecole

Conditions de logement :

Statut logement : ....

Type log. : ....

Bailleur : ....
Loyer : ....
Dettes : ....

Situation financi re :

.... : ....

.... : ....

.... : ....

.... : ....

Les rendez-vous :

✂

Objectif :

Travail engagé :

.... :

_____

_____

_____

_____

_____

_____

_____

_____

_____

_____

_____

_____

_____

_____

Conclusion :

Date : ....

M. Mme : ....

Téléphone : .... E.mail : ....

Adresse : ....

Motif de la demande d'intervention :

Composition de la famille

Nom Prénom	Date de N	Lien de parenté	Emploi/Ecole

Conditions de logement :	**Situation financi re :**
Statut logement :	.... : ....
Type log. :	.... : ....
Bailleur :	.... : ....
Loyer :	.... : ....
Dettes :	

Les rendez-vous :

✂

Objectif :

Travail engagé :

.... :

_____

_____

✂ _____

_____

_____

_____

_____

_____

_____

_____

_____

_____

_____

_____

_____

Conclusion :

Date : ....

M. Mme : ....

Téléphone : ....   E.mail : ....

Adresse : ....

Motif de la demande d'intervention :

Composition de la famille

Nom Prénom	Date de N	Lien de parenté	Emploi/Ecole

Conditions de logement :	Situation financi re :
Statut logement :	.... : ....
Type log. :	.... : ....
Bailleur :	.... : ....
Loyer :	.... : ....
Dettes :	

Les rendez-vous :

_____

_____

_____

_____

Objectif :

Travail engagé :

.... :

_____

_____

_____

_____

_____

_____

_____

_____

_____

_____

_____

_____

_____

_____

_____

Conclusion :

Date : ....

M. Mme : ....

Téléphone : ....   E.mail : ....

Adresse : ....

Motif de la demande d'intervention :

Composition de la famille

Nom Prénom	Date de N	Lien de parenté	Emploi/Ecole

Conditions de logement :
Statut logement : ....

Type log. : ....

Bailleur : ....

Loyer : ....

Dettes : ....

Situation financi re :

.... : ....

.... : ....

.... : ....

.... : ....

Les rendez-vous :

_____

_____

✂ _____

_____

Objectif :

Travail engagé :

.... :

_____

_____

✂ _____

_____

_____

_____

_____

_____

_____

_____

_____

_____

_____

_____

_____

Conclusion :

Date : ....

M. Mme : ....

Téléphone : ....   E.mail : ....

Adresse : ....

Motif de la demande d'intervention :

Composition de la famille

Nom Prénom	Date de N	Lien de parenté	Emploi/Ecole

Conditions de logement :	**Situation financi re :**
Statut logement :	.... : ....
Type log. :	.... : ....
Bailleur :	.... : ....
Loyer :	.... : ....
Dettes :	

Les rendez-vous :

_____

_____

✂ _____

Objectif :

Travail engagé :

.... :

Conclusion :

149

Date : ....

M. Mme : ....

Téléphone : ....   E.mail : ....

Adresse : ....

Motif de la demande d'intervention :

Composition de la famille

Nom Prénom	Date de N	Lien de parenté	Emploi/Ecole

Conditions de logement :	**Situation financi re :**
Statut logement :	
	.... : ....
Type log. :	.... : ....
Bailleur :	.... : ....
Loyer :	
Dettes :	.... : ....

Les rendez-vous :

✂

Objectif :

Travail engagé :

.... :

_____

_____

_____

_____

_____

_____

_____

_____

_____

_____

_____

_____

_____

_____

_____

Conclusion :

Date : ....

M. Mme : ....

Téléphone : ....   E.mail : ....

Adresse : ....

Motif de la demande d'intervention :

Composition de la famille

Nom Prénom	Date de N	Lien de parenté	Emploi/Ecole

Conditions de logement :	Situation financi re :
Statut logement :	.... : ....
Type log. :	.... : ....
Bailleur :	.... : ....
Loyer :	.... : ....
Dettes :	

Les rendez-vous :

Objectif :

Travail engagé :

.... :

_____

_____

✂ _____

_____

_____

_____

_____

_____

_____

_____

_____

_____

_____

_____

Conclusion :

Date : ....

M. Mme : ....

Téléphone : .... E.mail : ....

Adresse : ....

Motif de la demande d'intervention :

Composition de la famille

Nom Prénom	Date de N	Lien de parenté	Emploi/Ecole

Conditions de logement :

Statut logement : ....

Type log. : ....

Bailleur : ....

Loyer : ....

Dettes : ....

Situation financi re :

.... : ....

.... : ....

.... : ....

.... : ....

Les rendez-vous :

_____

✂   _____

   _____

Objectif :

Travail engagé :

.... :

_____

_____

✂ _____

_____

_____

_____

_____

_____

_____

_____

_____

_____

_____

_____

_____

Conclusion :

Date : ....

M. Mme : ....

Téléphone : .... E.mail : ....

Adresse : ....

Motif de la demande d'intervention :

Composition de la famille

Nom Prénom	Date de N	Lien de parenté	Emploi/Ecole

Conditions de logement :	**Situation financi re :**
Statut logement :	.... : ....
Type log. :	.... : ....
Bailleur :	.... : ....
Loyer :	.... : ....
Dettes :	.... : ....

Les rendez-vous :

_____

_____

✂ _____

Objectif :

Travail engagé :

.... :

_____

_____

✂ _____

_____

_____

_____

_____

_____

_____

_____

_____

_____

_____

_____

_____

_____

Conclusion :

Date : ....

M. Mme : ....

Téléphone : .... E.mail : ....

Adresse : ....

Motif de la demande d'intervention :

Composition de la famille

	Nom Prénom	Date de N	Lien de parenté	Emploi/Ecole

Conditions de logement :
Statut logement : ....

Type log. : ....

Bailleur : ....
Loyer : ....
Dettes : ....

Situation financi re :

.... : ....

.... : ....

.... : ....

.... : ....

Les rendez-vous :

✂

_____

_____

_____

Objectif :

Travail engagé :

.... :

_____

_____

_____

_____

_____

_____

_____

_____

_____

_____

_____

_____

_____

Conclusion :

Date : ....

M. Mme : ....

Téléphone : ....   E.mail : ....

Adresse : ....

Motif de la demande d'intervention :

Composition de la famille

Nom Prénom	Date de N	Lien de parenté	Emploi/Ecole

Conditions de logement :
Statut logement : ....

Type log. : ....

Bailleur : ....
Loyer : ....
Dettes : ....

Situation financi re :

.... : ....

.... : ....

.... : ....

.... : ....

Les rendez-vous :

Objectif :

Travail engagé :

.... :

_____

_____

✂ _____

_____

_____

_____

_____

_____

_____

_____

_____

_____

_____

_____

_____

Conclusion :

Date : ....

M. Mme : ....

Téléphone : ....   E.mail : ....

Adresse : ....

Motif de la demande d'intervention :

Composition de la famille

Nom Prénom	Date de N	Lien de parenté	Emploi/Ecole

Conditions de logement :

Statut logement : ....

Type log. : ....

Bailleur : ....

Loyer : ....

Dettes : ....

Situation financi re :

.... : ....

.... : ....

.... : ....

.... : ....

Les rendez-vous :

_____

✂ _____

_____

Objectif :

Travail engagé :

.... :

Conclusion :

Date : ....

M. Mme : ....

Téléphone : .... E.mail : ....

Adresse : ....

Motif de la demande d'intervention :

Composition de la famille

Nom Prénom	Date de N	Lien de parenté	Emploi/Ecole

Conditions de logement :	Situation financi re :
Statut logement :	.... : ....
Type log. :	.... : ....
Bailleur :	.... : ....
Loyer :	.... : ....
Dettes :	

Les rendez-vous :

✂

Objectif :

Travail engagé :

.... :

Conclusion :

Date : ....

M. Mme : ....

Téléphone : ....   E.mail : ....

Adresse : ....

Motif de la demande d'intervention :

Composition de la famille

Nom Prénom	Date de N	Lien de parenté	Emploi/Ecole

Conditions de logement :	**Situation financi re :**
Statut logement :	.... : ....
Type log. :	.... : ....
Bailleur :	.... : ....
Loyer :	.... : ....
Dettes :	

Les rendez-vous :

_____

✂ _____

_____

Objectif :

Travail engagé :

.... :

_____

_____

_____

_____

_____

_____

_____

_____

_____

_____

_____

_____

_____

_____

Conclusion :

Date : ....

M. Mme : ....

Téléphone : ....   E.mail : ....

Adresse : ....

Motif de la demande d'intervention :

Composition de la famille

Nom Prénom	Date de N	Lien de parenté	Emploi/Ecole

Conditions de logement :

Statut logement : ....

Type log. : ....

Bailleur : ....

Loyer : ....

Dettes : ....

Situation financi re :

.... : ....

.... : ....

.... : ....

.... : ....

Les rendez-vous :

Objectif :

Travail engagé :

.... :

Conclusion :

Date : ....

M. Mme : ....

Téléphone : ....   E.mail : ....

Adresse : ....

Motif de la demande d'intervention :

Composition de la famille

Nom Prénom	Date de N	Lien de parenté	Emploi/Ecole

Conditions de logement :	**Situation financi re :**
Statut logement :	
	.... : ....
Type log. :	
	.... : ....
Bailleur :	
	.... : ....
Loyer :	
Dettes :	.... : ....

Les rendez-vous :

_____

✂   _____

_____

Objectif :

Travail engagé :

.... :

Conclusion :

Date : ....

M. Mme : ....

Téléphone : ....   E.mail : ....

Adresse : ....

Motif de la demande d'intervention :

Composition de la famille

Nom Prénom	Date de N	Lien de parenté	Emploi/Ecole

Conditions de logement :	**Situation financi re :**
Statut logement :	.... : ....
Type log. :	.... : ....
Bailleur :	.... : ....
Loyer :	.... : ....
Dettes :	

Les rendez-vous :

Objectif :

Travail engagé :

.... :

_____

_____

_____

_____

_____

_____

_____

_____

_____

_____

_____

_____

_____

_____

_____

Conclusion :

Date : ....

M. Mme : ....

Téléphone : ....   E.mail : ....

Adresse : ....

Motif de la demande d'intervention :

Composition de la famille

	Nom Prénom	Date de N	Lien de parenté	Emploi/Ecole

Conditions de logement :	**Situation financi re :**
Statut logement :	.... : ....
Type log. :	.... : ....
Bailleur :	.... : ....
Loyer :	.... : ....
Dettes :	

Les rendez-vous :

_____

✂ _____

_____

Objectif :

Travail engagé :

.... :

_____

_____

_____

_____

_____

_____

_____

_____

_____

_____

_____

_____

_____

_____

Conclusion :

Date : ....

M. Mme : ....

Téléphone : .... E.mail : ....

Adresse : ....

Motif de la demande d'intervention :

Composition de la famille

Nom Prénom	Date de N	Lien de parenté	Emploi/Ecole

Conditions de logement :
Statut logement : ....

Type log. : ....

Bailleur : ....
Loyer : ....
Dettes : ....

Situation financi re :

.... : ....

.... : ....

.... : ....

.... : ....

Les rendez-vous :

Objectif :

Travail engagé :

.... :

_____

_____

✂ _____

_____

_____

_____

_____

_____

_____

_____

_____

_____

_____

_____

Conclusion :

Date : ....

M. Mme : ....

Téléphone : ....   E.mail : ....

Adresse : ....

Motif de la demande d'intervention :

Composition de la famille

Nom Prénom	Date de N	Lien de parenté	Emploi/Ecole

Conditions de logement :
Statut logement : ....

Type log. : ....

Bailleur : ....
Loyer : ....
Dettes : ....

Situation financi re :

.... : ....

.... : ....

.... : ....

.... : ....

Les rendez-vous :

_____

✂ _____

_____

Objectif :

Travail engagé :

.... :

_____

_____

✂ _____

_____

_____

_____

_____

_____

_____

_____

_____

_____

_____

_____

_____

_____

Conclusion :

Date : ....

M. Mme : ....

Téléphone : ....   E.mail : ....

Adresse : ....

Motif de la demande d'intervention :

Composition de la famille

Nom Prénom	Date de N	Lien de parenté	Emploi/Ecole

Conditions de logement :	Situation financi re :
Statut logement :	.... : ....
Type log. :	.... : ....
Bailleur :	.... : ....
Loyer :	.... : ....
Dettes :	

Les rendez-vous :

_____

_____
✂
_____

Objectif :

Travail engagé :

.... :

✂

_____

_____

_____

_____

_____

_____

_____

_____

_____

_____

_____

_____

_____

_____

_____

Conclusion :

Date : ....

M. Mme : ....

Téléphone : .... E.mail : ....

Adresse : ....

Motif de la demande d'intervention :

Composition de la famille

Nom Prénom	Date de N	Lien de parenté	Emploi/Ecole

Conditions de logement :

Statut logement : ....

Type log. : ....

Bailleur : ....

Loyer : ....

Dettes : ....

Situation financi re :

.... : ....

.... : ....

.... : ....

.... : ....

Les rendez-vous :

✂

Objectif :

Travail engagé :

.... :

_____

_____

✂ _____

_____

_____

_____

_____

_____

_____

_____

_____

_____

_____

_____

_____

Conclusion :

Date : ....

M. Mme : ....

Téléphone : ....   E.mail : ....

Adresse : ....

Motif de la demande d'intervention :

Composition de la famille

Nom Prénom	Date de N	Lien de parenté	Emploi/Ecole

Conditions de logement :
Statut logement : ....

Type log. : ....

Bailleur : ....
Loyer : ....
Dettes : ....

Situation financi re :

.... : ....

.... : ....

.... : ....

.... : ....

Les rendez-vous :

✂

Objectif :

Travail engagé :

.... :

_____

_____

✂ _____

_____

_____

_____

_____

_____

_____

_____

_____

_____

_____

_____

_____

_____

Conclusion :

Date : ....

M. Mme : ....

Téléphone : ....   E.mail : ....

Adresse : ....

Motif de la demande d'intervention :

Composition de la famille

Nom Prénom	Date de N	Lien de parenté	Emploi/Ecole

Conditions de logement :	**Situation financi re :**
Statut logement :	.... : ....
Type log. :	.... : ....
Bailleur :	.... : ....
Loyer :	.... : ....
Dettes :	

Les rendez-vous :

✂ _____

_____

_____

Objectif :

Travail engagé :

.... :

_____

_____

✂ _____

_____

_____

_____

_____

_____

_____

_____

_____

_____

_____

_____

_____

Conclusion :

Date : ....

M. Mme : ....

Téléphone : .... E.mail : ....

Adresse : ....

Motif de la demande d'intervention :

Composition de la famille

Nom Prénom	Date de N	Lien de parenté	Emploi/Ecole

Conditions de logement :
Statut logement : ....

Type log. : ....

Bailleur : ....
Loyer : ....
Dettes : ....

Situation financi re :

.... : ....
.... : ....
.... : ....
.... : ....

Les rendez-vous :

_____

_____

_____

Objectif :

Travail engagé :

.... :

Conclusion :

Date : ....

M. Mme : ....

Téléphone : .... E.mail : ....

Adresse : ....

Motif de la demande d'intervention :

Composition de la famille

Nom Prénom	Date de N	Lien de parenté	Emploi/Ecole

Conditions de logement :

Statut logement : ....

Type log. : ....

Bailleur : ....

Loyer : ....

Dettes : ....

Situation financi re :

.... : ....

.... : ....

.... : ....

.... : ....

Les rendez-vous :

✂

Objectif :

Travail engagé :

.... :

_____

_____

✂ _____

_____

_____

_____

_____

_____

_____

_____

_____

_____

_____

_____

_____

_____

Conclusion :

Date : ....

M. Mme : ....

Téléphone : ....   E.mail : ....

Adresse : ....

Motif de la demande d'intervention :

Composition de la famille

Nom Prénom	Date de N	Lien de parenté	Emploi/Ecole

Conditions de logement :	**Situation financi re :**
Statut logement :	.... : ....
Type log. :	.... : ....
Bailleur :	.... : ....
Loyer :	.... : ....
Dettes :	

Les rendez-vous :

Objectif :

Travail engagé :

.... :

_____

_____

 ✂ —————————————————

_____

_____

_____

_____

_____

_____

_____

_____

_____

_____

_____

_____

_____

Conclusion :

Date : ....

M. Mme : ....

Téléphone : ....   E.mail : ....

Adresse : ....

Motif de la demande d'intervention :

Composition de la famille

Nom Prénom	Date de N	Lien de parenté	Emploi/Ecole

Conditions de logement :	Situation financi re :
Statut logement :	.... : ....
Type log. :	.... : ....
Bailleur :	.... : ....
Loyer :	.... : ....
Dettes :	.... : ....

Les rendez-vous :

✂ _____

_____

_____

Objectif :

Travail engagé :

.... :

_____

_____

✂ _____

_____

_____

_____

_____

_____

_____

_____

_____

_____

_____

_____

Conclusion :

Date : ....

M. Mme : ....

Téléphone : .... E.mail : ....

Adresse : ....

Motif de la demande d'intervention :

Composition de la famille

Nom Prénom	Date de N	Lien de parenté	Emploi/Ecole

Conditions de logement :
Statut logement : ....

Type log. : ....

Bailleur : ....
Loyer : ....
Dettes : ....

Situation financi re :

.... : ....
.... : ....
.... : ....
.... : ....

Les rendez-vous :

_____

✂ _____

_____

Objectif :

Travail engagé :

.... :

Conclusion :

Date : ....

M. Mme : ....

Téléphone : ....   E.mail : ....

Adresse : ....

```
┌────────────────────────────────────────────────────────────────┐
│ Motif de la demande d'intervention :                             │
│                                                                  │
│                                                                  │
│                                                                  │
└────────────────────────────────────────────────────────────────┘
```

Composition de la famille

Nom Prénom	Date de N	Lien de parenté	Emploi/Ecole

Conditions de logement :
Statut logement : ....

Type log. : ....

Bailleur : ....
Loyer : ....
Dettes : ....

Situation financi re :

.... : ....

.... : ....

.... : ....

.... : ....

Les rendez-vous :

_____

✂ _____

_____

Objectif :

Travail engagé :

.... :

_____

_____

_____

_____

_____

_____

_____

_____

_____

_____

_____

_____

_____

_____

Conclusion :

Date : ....

M. Mme : ....

Téléphone : ....   E.mail : ....

Adresse : ....

Motif de la demande d'intervention :

Composition de la famille

Nom Prénom	Date de N	Lien de parenté	Emploi/Ecole

Conditions de logement :
Statut logement : ....

Type log. : ....

Bailleur : ....
Loyer : ....
Dettes : ....

Situation financi re :

.... : ....
.... : ....
.... : ....
.... : ....

Les rendez-vous :

_____

_____

✂ _____

_____

Objectif :

Travail engagé :

.... :

_____

_____

✂ _____

_____

_____

_____

_____

_____

_____

_____

_____

_____

_____

_____

_____

Conclusion :

Date : ....

M. Mme : ....

Téléphone : ....   E.mail : ....

Adresse : ....

Motif de la demande d'intervention :

Composition de la famille

Nom Prénom	Date de N	Lien de parenté	Emploi/Ecole

Conditions de logement :

Statut logement : ....

Type log. : ....

Bailleur : ....

Loyer : ....

Dettes : ....

Situation financi re :

.... : ....

.... : ....

.... : ....

.... : ....

Les rendez-vous :

✂ _____

_____

_____

Objectif :

Travail engagé :

.... :

_____

_____

_____

_____

_____

_____

_____

_____

_____

_____

_____

_____

_____

_____

_____

Conclusion :

Date : ....

M. Mme : ....

Téléphone : .... E.mail : ....

Adresse : ....

Motif de la demande d'intervention :

Composition de la famille

Nom Prénom	Date de N	Lien de parenté	Emploi/Ecole

Conditions de logement :
Statut logement : ....

Type log. : ....

Bailleur : ....
Loyer : ....
Dettes : ....

Situation financi re :

.... : ....

.... : ....

.... : ....

.... : ....

Les rendez-vous :

_____

_____

_____

Objectif :

Travail engagé :

.... :

_____

_____

✂ _____

_____

_____

_____

_____

_____

_____

_____

_____

_____

_____

_____

_____

Conclusion :

Date : ....

M. Mme : ....

Téléphone : .... E.mail : ....

Adresse : ....

Motif de la demande d'intervention :

Composition de la famille

Nom Prénom	Date de N	Lien de parenté	Emploi/Ecole

Conditions de logement :

Statut logement : ....

Type log. : ....

Bailleur : ....
Loyer : ....
Dettes : ....

Situation financi re :

.... : ....
.... : ....
.... : ....
.... : ....

Les rendez-vous :

Objectif :

Travail engagé :

.... :

_____

_____

✂ _____

_____

_____

_____

_____

_____

_____

_____

_____

_____

_____

_____

_____

Conclusion :

Date : ....

M. Mme : ....

Téléphone : ....   E.mail : ....

Adresse : ....

Motif de la demande d'intervention :

Composition de la famille

Nom Prénom	Date de N	Lien de parenté	Emploi/Ecole

Conditions de logement :	**Situation financi re :**
Statut logement :	.... : ....
Type log. :	.... : ....
Bailleur :	.... : ....
Loyer :	.... : ....
Dettes :	

Les rendez-vous :

_____

✂ _____

_____

Objectif :

Travail engagé :

.... :

_____

_____

✂_____

_____

_____

_____

_____

_____

_____

_____

_____

_____

_____

_____

_____

Conclusion :

Date : ....

M. Mme : ....

Téléphone : ....   E.mail : ....

Adresse : ....

Motif de la demande d'intervention :

Composition de la famille

Nom Prénom	Date de N	Lien de parenté	Emploi/Ecole

Conditions de logement :	**Situation financi re :**
Statut logement :	.... : ....
Type log. :	.... : ....
Bailleur :	.... : ....
Loyer :	.... : ....
Dettes :	

Les rendez-vous :

✂

Objectif :

Travail engagé :

.... :

_____

_____

✂ _____

_____

_____

_____

_____

_____

_____

_____

_____

_____

_____

_____

_____

Conclusion :

Date : ....

M. Mme : ....

Téléphone : ....   E.mail : ....

Adresse : ....

Motif de la demande d'intervention :

Composition de la famille

Nom Prénom	Date de N	Lien de parenté	Emploi/Ecole

Conditions de logement :
Statut logement : ....

Type log. : ....

Bailleur : ....
Loyer : ....
Dettes : ....

Situation financi re :

.... : ....
.... : ....
.... : ....
.... : ....

Les rendez-vous :

_____

_____

_____

Objectif :

Travail engagé :

.... :

_____

_____

✂ _____

_____

_____

_____

_____

_____

_____

_____

_____

_____

_____

_____

_____

_____

Conclusion :

Date : ....

M. Mme : ....

Téléphone : .... E.mail : ....

Adresse : ....

Motif de la demande d'intervention :

Composition de la famille

Nom Prénom	Date de N	Lien de parenté	Emploi/Ecole

Conditions de logement :	**Situation financi re :**
Statut logement :	.... : ....
Type log. :	.... : ....
Bailleur :	.... : ....
Loyer :	.... : ....
Dettes :	

Les rendez-vous :

✂ _____

_____

_____

Objectif :

Travail engagé :

.... :

Conclusion :

Date : ....

M. Mme : ....

Téléphone : ....   E.mail : ....

Adresse : ....

Motif de la demande d'intervention :

Composition de la famille

Nom Prénom	Date de N	Lien de parenté	Emploi/Ecole

Conditions de logement :
Statut logement : ....

Type log. : ....

Bailleur : ....
Loyer : ....
Dettes : ....

Situation financi re :

.... : ....

.... : ....

.... : ....

.... : ....

Les rendez-vous :

_____

_____

✂ _____

_____

Objectif :

Travail engagé :

.... :

Conclusion :

Date : ....

M. Mme : ....

Téléphone : ....   E.mail : ....

Adresse : ....

Motif de la demande d'intervention :

Composition de la famille

Nom Prénom	Date de N	Lien de parenté	Emploi/Ecole

Conditions de logement :	**Situation financi re :**
Statut logement :	.... : ....
Type log. :	.... : ....
Bailleur :	.... : ....
Loyer :	.... : ....
Dettes :	

Les rendez-vous :

✂

_____

_____

_____

Objectif :

Travail engagé :

.... :

_____

_____

_____

_____

_____

_____

_____

_____

_____

_____

_____

_____

_____

Conclusion :

Date : ....

M. Mme : ....

Téléphone : ....   E.mail : ....

Adresse : ....

Motif de la demande d'intervention :

Composition de la famille

Nom Prénom	Date de N	Lien de parenté	Emploi/Ecole

Conditions de logement :

Statut logement : ....

Type log. : ....

Bailleur : ....

Loyer : ....

Dettes : ....

Situation financi re :

.... : ....

.... : ....

.... : ....

.... : ....

Les rendez-vous :

✂

Objectif :

Travail engagé :

.... :

_____

_____

✂ _____

_____

_____

_____

_____

_____

_____

_____

_____

_____

_____

_____

_____

Conclusion :

Date : ....

M. Mme : ....

Téléphone : ....   E.mail : ....

Adresse : ....

Motif de la demande d'intervention :

Composition de la famille

Nom Prénom	Date de N	Lien de parenté	Emploi/Ecole

Conditions de logement :

Statut logement : ....

Type log. : ....

Bailleur : ....

Loyer : ....

Dettes : ....

Situation financi re :

.... : ....

.... : ....

.... : ....

.... : ....

Les rendez-vous :

_____

✂   _____

_____

Objectif :

Travail engagé :

.... :

Conclusion :

Date : ....

M. Mme : ....

Téléphone : ....   E.mail : ....

Adresse : ....

Motif de la demande d'intervention :

Composition de la famille

Nom Prénom	Date de N	Lien de parenté	Emploi/Ecole

Conditions de logement :
Statut logement : ....

Type log. : ....

Bailleur : ....
Loyer : ....
Dettes : ....

Situation financi re :

.... : ....

.... : ....

.... : ....

.... : ....

Les rendez-vous :

_____

✂ _____

_____

Objectif :

Travail engagé :

.... :

_____

_____

✂ _____

_____

_____

_____

_____

_____

_____

_____

_____

_____

_____

_____

_____

_____

Conclusion :

Date : ....

M. Mme : ....

Téléphone : .... E.mail : ....

Adresse : ....

Motif de la demande d'intervention :

Composition de la famille

Nom Prénom	Date de N	Lien de parenté	Emploi/Ecole

Conditions de logement :
Statut logement : ....

Type log. : ....

Bailleur : ....
Loyer : ....
Dettes : ....

Situation financi re :

.... : ....

.... : ....

.... : ....

.... : ....

Les rendez-vous :

_____

✂ _____

_____

Objectif :

Travail engagé :

.... :

Conclusion :

Date : ....

M. Mme : ....

Téléphone : ....   E.mail : ....

Adresse : ....

Motif de la demande d'intervention :

Composition de la famille

Nom Prénom	Date de N	Lien de parenté	Emploi/Ecole

Conditions de logement :	**Situation financi re :**
Statut logement :	.... : ....
Type log. :	.... : ....
Bailleur :	.... : ....
Loyer :	.... : ....
Dettes :	

Les rendez-vous :

_____

_____

_____

Objectif :

Travail engagé :

.... :

_____

_____

✂ _____

_____

_____

_____

_____

_____

_____

_____

_____

_____

_____

_____

_____

Conclusion :

Date : ....

M. Mme : ....

Téléphone : ....   E.mail : ....

Adresse : ....

Motif de la demande d'intervention :

Composition de la famille

Nom Prénom	Date de N	Lien de parenté	Emploi/Ecole

Conditions de logement :

Statut logement : ....

Type log. : ....

Bailleur : ....

Loyer : ....

Dettes : ....

Situation financi re :

.... : ....

.... : ....

.... : ....

.... : ....

Les rendez-vous :

_____

✂ _____

_____

Objectif :

Travail engagé :

.... :

Conclusion :

Date : ....

M. Mme : ....

Téléphone : .... E.mail : ....

Adresse : ....

Motif de la demande d'intervention :

Composition de la famille

Nom Prénom	Date de N	Lien de parenté	Emploi/Ecole

Conditions de logement :	**Situation financi re :**
Statut logement :	.... : ....
Type log. :	.... : ....
Bailleur :	.... : ....
Loyer :	.... : ....
Dettes :	

Les rendez-vous :

_____

_____

_____

Objectif :

Travail engagé :

.... :

_____

_____

✂ _____

_____

_____

_____

_____

_____

_____

_____

_____

_____

_____

_____

_____

Conclusion :

Date : ....

M. Mme : ....

Téléphone : ....   E.mail : ....

Adresse : ....

Motif de la demande d'intervention :

Composition de la famille

Nom Prénom	Date de N	Lien de parenté	Emploi/Ecole

Conditions de logement :	**Situation financi re :**
Statut logement :	.... : ....
Type log. :	.... : ....
Bailleur :	.... : ....
Loyer :	.... : ....
Dettes :	

Les rendez-vous :

✂

Objectif :

Travail engagé :

.... :

_____

_____

_____

_____

_____

_____

_____

_____

_____

_____

_____

_____

_____

_____

Conclusion :

Date : ....

M. Mme : ....

Téléphone : ....   E.mail : ....

Adresse : ....

Motif de la demande d'intervention :

Composition de la famille

Nom Prénom	Date de N	Lien de parenté	Emploi/Ecole

Conditions de logement :
Statut logement : ....
Type log. : ....
Bailleur : ....
Loyer : ....
Dettes : ....

Situation financi re :
.... : ....
.... : ....
.... : ....
.... : ....

Les rendez-vous :

_____

_____
_____

_____

Objectif :

Travail engagé :

.... :

Conclusion :

Date : ....

M. Mme : ....

Téléphone : .... E.mail : ....

Adresse : ....

Motif de la demande d'intervention :

Composition de la famille

	Nom Prénom	Date de N	Lien de parenté	Emploi/Ecole

Conditions de logement :

Statut logement : ....

Type log. : ....

Bailleur : ....

Loyer : ....

Dettes : ....

Situation financi re :

.... : ....

.... : ....

.... : ....

.... : ....

Les rendez-vous :

_____

_____

_____

Objectif :

Travail engagé :

.... :

Conclusion :

Date : ....

M. Mme : ....

Téléphone : ....   E.mail : ....

Adresse : ....

Motif de la demande d'intervention :

Composition de la famille

Nom Prénom	Date de N	Lien de parenté	Emploi/Ecole

Conditions de logement :	**Situation financi re :**
Statut logement :	.... : ....
Type log. :	.... : ....
Bailleur :	.... : ....
Loyer :	.... : ....
Dettes :	

Les rendez-vous :

_____

_____

_____

Objectif :

Travail engagé :

.... :

✂

Conclusion :

Date : ....

M. Mme : ....

Téléphone : .... E.mail : ....

Adresse : ....

Motif de la demande d'intervention :

Composition de la famille

Nom Prénom	Date de N	Lien de parenté	Emploi/Ecole

Conditions de logement :	**Situation financi re :**
Statut logement :	.... : ....
Type log. :	.... : ....
Bailleur :	.... : ....
Loyer :	.... : ....
Dettes :	

Les rendez-vous :

_____

✂ _____

_____

Objectif :

Travail engagé :

.... :

Conclusion :

Date : ....

M. Mme : ....

Téléphone : .... E.mail : ....

Adresse : ....

Motif de la demande d'intervention :

Composition de la famille

Nom Prénom	Date de N	Lien de parenté	Emploi/Ecole

Conditions de logement :

Statut logement : ....

Type log. : ....

Bailleur : ....

Loyer : ....

Dettes : ....

Situation financi re :

.... : ....

.... : ....

.... : ....

.... : ....

Les rendez-vous :

_____

✂ _____

_____

Objectif :

Travail engagé :

.... :

_____

_____

✂ _____

_____

_____

_____

_____

_____

_____

_____

_____

_____

_____

_____

_____

Conclusion :

Date : ....

M. Mme : ....

Téléphone : ....   E.mail : ....

Adresse : ....

Motif de la demande d'intervention :

Composition de la famille

Nom Prénom	Date de N	Lien de parenté	Emploi/Ecole

Conditions de logement :

Statut logement : ....

Type log. : ....

Bailleur : ....

Loyer : ....

Dettes : ....

Situation financi re :

.... : ....

.... : ....

.... : ....

.... : ....

Les rendez-vous :

_____

✂ _____

_____

Objectif :

Travail engagé :

.... :

_____

_____

_____

_____

_____

_____

_____

_____

_____

_____

_____

_____

_____

_____

Conclusion :

Date : ....

M. Mme : ....

Téléphone : ....   E.mail : ....

Adresse : ....

Motif de la demande d'intervention :

Composition de la famille

Nom Prénom	Date de N	Lien de parenté	Emploi/Ecole

Conditions de logement :

Statut logement : ....

Type log. : ....

Bailleur : ....

Loyer : ....

Dettes : ....

Situation financi re :

.... : ....

.... : ....

.... : ....

.... : ....

Les rendez-vous :

_____

_____

✂ _____

Objectif :

Travail engagé :

.... :

Conclusion :

Date : ....

M. Mme : ....

Téléphone : ....   E.mail : ....

Adresse : ....

Motif de la demande d'intervention :

Composition de la famille

Nom Prénom	Date de N	Lien de parenté	Emploi/Ecole

Conditions de logement :
Statut logement : ....

Type log. : ....

Bailleur : ....
Loyer : ....
Dettes : ....

Situation financi re :

.... : ....

.... : ....

.... : ....

.... : ....

Les rendez-vous :

✂

Objectif :

Travail engagé :

.... :

_____

_____

✂ _____

_____

_____

_____

_____

_____

_____

_____

_____

_____

_____

_____

Conclusion :

Printed in Poland
by Amazon Fulfillment
Poland Sp. z o.o., Wrocław